Will and Wisdom
what about
HONESTY?
AF324989

Los libros del *Desi* y *Sabiduría*, siguen la aventuras de un niño, de diez anos, fuerte voluntad, llamado *Desi*, y su mejor amigo, Sabiduría, un erudito bíblico, que pasa a ser un amante de la diversión-conejillo de indias.

Cada historia en el serie de libros presenta una virtud eterna y destaca principios de Dios para los niños de todas las edades.

Copyright ©2010 by Chip and Dave Publishing

Illustration copyright ©2010 by David Riley

Art Direction and Design: David Riley Associates, Costa Mesa, California Rileydra.com

Published in 2010 by Chip and Dave Publishing, Costa Mesa, California

No part of this publication may be reproduced in whole or in part, or stored in a retrieval system, or transmitted in any form or by any means, electronic, mechanical, photocopying, recording, or otherwise, without written permission of the author.

All rights reserved. Printed in China.

ISBN 978-0-615-22852-5

this book belongs to:
Taylor

One day, *Will* came home

Un día *Desi* llegó a casa con *Sabiduría*

with *Wisdom* in his backpack. They

en su mochila. Habían estado jugando

had been playing soccer. Dinner was in

fútbol. La cena estaba en el horno pero

the oven but *Will* was really hungry.

Desi tenía mucha hambre,

HOME
SWEET
HOME

Mom, what time
is dinner!?

He yelled to his mom who was

así que dio un grito para preguntarle a

upstairs, "Mom, what time is dinner!?"

su madre que estaba arriba, "Mamá,

Will's mom yelled back, "We'll eat at

¿a qué hora cenamos?" Su mamá le respondió:

six when daddy gets home!"

"¡A las seis, cuando papá regrese!"

Will looked at the clock. It wasn't

Desi miró el reloj: ni siquiera eran las cinco.

even five yet. "I'm not going to be able

"No voy a poder aguantar hasta las seis.

to make it until six. I think I better eat

Creo que mejor me comeré una galleta."

a cookie." "*Will*, you know you aren't

"*Desi,* sabes que se supone que no debes

supposed to eat a snack before dinner,"

comer ningún refrigerio antes de la cena",

Wisdom reminded *Will*.

le recordó *Sabiduría*.

It's just
one cookie.
COO

"It's just one cookie," explained *Will*.

"Es sólo *una* galleta", le explicó *Desi*.

"It's no big deal if I eat just one little

"No hay problema si sólo me como una

cookie. Besides, no one will ever know if

galleta. Además, nadie sabrá que me la comí.

I eat it. The only people here are you and

Las únicas personas que estamos aquí

me and I'm not going to say anything,

somos tú y yo, y yo no voy a decir nada.

are you?" *Will* asked. "No," admitted

¿Y tú?", preguntó *Desi*. "No", admitió

Wisdom. "I won't tell anyone either."

Sabiduría. "Yo tampoco le contaré a nadie."

Will then grabbed a cookie from the

Desi tomó una galleta del tarro de galletas y se la

cookie jar and ate it. "Mmm, that was quite tasty.

comió. "Mmm, estaba deliciosa. Pero no me llenó

But not very filling. I think I'll need a few more."

mucho. Creo que necesito comer más." Volvió

Will reached back into the cookie jar and

a tomar el tarro de galletas y sacó algunas más.

pulled out some more cookies. *Wisdom* rolled

Sabiduría puso los ojos en blanco. "Con éstas

his eyes. "That should do it," *Will* announced.

me bastará", anunció *Desi*. "Con éstas te bastará",

"That should do it alright," agreed *Wisdom*.

afirmó *Sabiduría*.

999

Mmm, that was quite tasty.
I think I'll need a few more.
COOKIES

Finally, it was six o'clock and time for dinner.

Finalmente ya eran las seis en punto, es decir la hora de cenar.

Will's mom had made one of Will's favorite meals,

La mamá de Desi había preparado uno de los platos favoritos

meatloaf. But Will wasn't very hungry. His father

de Desi: pastel de carne. Pero Desi no tenía mucha hambre.

asked, "What's wrong, Will? You love Mom's meatloaf.

Su padre le preguntó, "¿Qué sucede, Desi? A ti te encanta el

Why aren't you eating?" "I guess I am not very hungry

pastel de carne que prepara tu madre. ¿Por qué no comes?"

tonight," answered Will. "Why not?" asked Will's dad.

"Creo que hoy no tengo mucha hambre", respondió Desi.

Suddenly, Will realized that if he told the

"¿Por qué no?", preguntó su padre. De repente, Desi se dio cuenta

truth he'd be in big trouble.

de que si decía la verdad se iba a meter en un grave problema.

"Can I please be excused

"¿Me pueden excusar un

for one minute?" *Will* asked.

momento?", preguntó. "Regresaré

"I will be right back." *Will* ran

en un instante." Subió corriendo

upstairs to his room and asked

a su habitación y le preguntó a

Wisdom what he should do.

Sabiduría qué debía hacer.

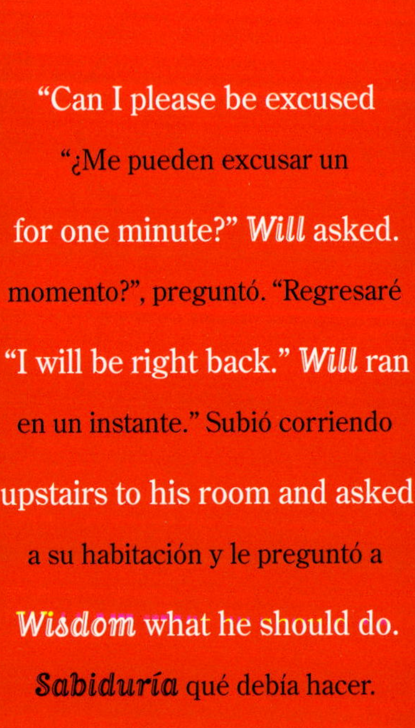

Wisdom, what
should I do?

Wisdom rubbed his chin and

Sabiduría se frotó la barbilla y pensó por

thought for a moment. Then he said,

un momento. Luego dijo, "debes ser sincero

"You need to be honest and tell the

y decir la verdad". "Pero si soy sincero me

truth." "But if I'm honest I will be in big

voy a meter en un grave problema", explicó

trouble," explained *Will.* "Probably,"

Desi. "Tal vez sí", aceptó *Sabiduría.* "Pero

agreed *Wisdom.* "But one of God's Ten

uno de los Diez Mandamientos de la Biblia

Commandments in the Bible tells us that

nos dice que se supone que no debemos

we are not supposed to lie. So, if we are

mentir. Entonces, si no somos sinceros no le

not honest we are not obeying God."

estamos obedeciendo a Dios."

Will knew that *Wisdom* was right.

Desi sabía que *Sabiduría* tenía razón. Entonces

He went back downstairs and told his parents

Desi regresó abajo y les dijo la verdad a sus padres.

the truth. *Will's* dad punished him for eating

El papá de *Desi* lo castigó por haberse comido las

the cookies but he also gave him a big hug for

galletas pero también le dio un gran abrazo por ser

being honest and telling the truth.

sincero y decir la verdad.

THE END

FIN

Do not lie.

No mentir.

Leviticus 19:11

Levítico 19:11

A truthful witness gives

El que habla verdad,

honest testimony.

declara justicia.

Proverbs 12:17

Proverbios 12:17

A Prayer To Become A Christian

Dear God,

I have done some bad things. I believe you love me so much that you gave your only Son, Jesus, to die on the cross as punishment for those bad things. Please forgive me and come into my life and change me. I believe that Jesus rose from the dead and is coming back some day. Until then, I will follow you for the rest of my life. Jesus is my God, my Savior and my forever Friend. In Jesus' Name, Amen.

_________________________________   ________________
your name   date

If you have just prayed that prayer and meant it with all your heart, you are a child of God and will live with Him forever in heaven.

Here's what you need to do now:

1. Read the Bible to learn more about God's plan for you.

2. Go to church and worship with other believers.

3. Be baptized in obedience to God's command.

Una oración para volverse cristiano

Amado Dios,

He hecho cosas malas. Creo que me amas tanto que entregaste a tu único Hijo, Jesús, para morir en la cruz como castigo por todas esas cosas malas. Te pido perdón y que entres en mi vida y la cambies. Creo que Jesús se levantó de entre los muertos y va a regresar algún día. Hasta entonces, te seguiré por el resto de mi vida. Jesús es mi Dios, mi Salvador y mi amigo para siempre. En el nombre de Jesús, Amén.

_______________________________________   ______________

tu nombre   fecha

Si acabas de rezar esta oración deseándola de verdad con todo tu corazón, eres un hijo de Dios y vivirás con Él para siempre en el cielo.

Esto es lo que tienes que hacer ahora:

1. Leer la Biblia para saber más sobre los planes que Dios tiene para ti.

2. Ir a la Iglesia y rendir culto, junto con otros creyentes.

3. Ser bautizado, cumpliendo con el mandamiento de Dios.